AF548968

Alexander E.

Nur entwirren 5

Mauer Verlag
Wilfried Kriese
72108 Rottenburg a/N
Buchgestaltung: Wilfried Kriese
Titelbild: Privat
2012
ISBN 978-3-86812-269-5

www.mauerverlag.de

Inhalt

1. Verhältnis 9
2. Schein und Tatsache 16
3. Gut erklärbar 20
4. Eindruck 23
5. Transaktion 26
6. Gefühl 29
7. Ausdruck 32
8. Fähigkeit 35
9. Liebe 38
10. Einsamkeit + Gemeinsamkeit 41
11. Stärke + Schwäche 42
12 Richtig und Falsch 45
13. Wohlfühlen 47
14. Ansicht 48
15. Bestätigung 50
16. Bewegung 52
17. Anreiz 54
18. Umfeld 55
19. Ausrichtung 57
20. Breit gefächert 58
21. Wie und Warum 60
22. Einstellung und Reflexion 62
23. Fragen und Antworten 64
24. Etwas beziehen auf 66
25. Im Sinne von 68
26. Akzeptanz und Widerstand 70
27. Raster und Schema 72
28. Einfluss 75

1. Verhältnis

Ist es denn das Verstehen, das mir vermittelt, ja, ich kann mich in dieser Welt bestimmt gut zurechtfinden?

Sprachverwendung und gefühlte Gefühle könnte man noch irgendwie von den Taten und Gedanken trennen. Wenn die Gefühle im Körper nur noch so auschlaggebend sind wie Millionen Taten, die man nicht mal bemerkte, geschweige sich je daran erinnern könnte, dann wurde wohl das Maß an Aufmerksamkeit und Mitteilsamkeit, das man der Menschheit entgegenbringen wollte, etwas falsch bemessen. Es liegt wohl ein Zusammenhang vor. Jener, dass es sehr wohl immer Dinge, Taten, etc. in jemandes Leben gab, was ihm Freude bereitete. Jedoch wollte ich noch zu trennen versuchen was innig meines ist, und was einfach zu meinem Leben gehört. Und auch zu bedenken, jenes was sehr richtig in mein Leben gehört, und doch eigentlich ein Produkt einer Welt ist, die völlig unberechenbar und gewaltvoll auftreten kann, und dieses Prädikat auch oft sehr unterstreicht.

Und wenn man mit bedenken auch bewerten meint, wo ist dann der neutrale Wert des Denkens? Der der Gedanken in meinem Kopf? Denn wer veranlasste mich, die Welt dauernd mit Gut und Böse – mit Skalen – zu bewerten, wenn ich etwas ansah? Waren es die entstandenen kulturellen Werte über die man etwas erfuhr und an deren Aufrechterhaltung man sich beteiligen wollte? Oder war es bloß eine Verwirrung durch viele, zu unüberschaubare, aufgesogene Reize?

Dann käme auch noch das Einteilen von „Ja, das mach ich“ – Sachen und „Nein, dafür bin ich mir zu gut“ – Sachen. Weil eben der Wille auch viel mit Möglichkeit zum Wohlbefinden zu tun hat.

Und als Eigentliches einer gewünscht ungebundenen Sache, könnte man sich die Frage stellen, wie viel Druck will ich, dass mir gemacht wird? Und auch, wie weit kann ich da etwas mitbestimmen? Und wenn ich draufkäme, ich könnte dabei nichts mitwirken, in dieser Entscheidung, nach welchen Partnerschaften oder machtvollen Strukturen würde man sich ausrichten, würde man es nicht hinnehmen wollen?

Wenn jemand meint, er könne leider in einer Sache nichts mehr unternehmen und das Unheil nicht mehr verhindern, warum sollte dann derjenige der dies als erstes erfährt, derjenige sein, der sich gleich fragen muss, warum jener das nicht besser kann?

So kann man sich als gut damit beraten sehen, wenn man sich im Leben Unterstützung wünscht. Und das mag schon viele Gründe haben können. Und es ginge dabei auch nicht nur um Problemlösung, sondern auch einfach um vorhandene Fähigkeiten und Möglichkeiten, falls man so etwas einmal braucht. Etwas, das sich auch aufbauen kann, und zudem man ein vertrauensvolles Verhältnis herstellt.

Sicher scheint es bezeichnend zu sein, dass wenn ich auf vieles höre und auch hören will, dass man es wohl einmal richtig intensiv vergleichen hätte wollen, mit dem was andere in dieser Sache so denken und machen. Das scheint mir weder positiv noch negativ besetzt zu sein, sondern ist wohl eher ein Mittel zur Festigung. Man könnte dabei auch an Nähe oder Ferne zu anderen Personen denken.

Bezeichnend etwa, dass wenn ich jemanden mag, seine Ausrichtung im Leben eher als richtig erklären würde, als von jemandem, den ich nicht mag. Doch es kann immer so sein, dass Menschen einfach nicht zueinander passen, und wer soll dann sagen, „gut, ich muss es dir jetzt sagen, dass ich das gar nicht gut finde was du machst“? Man kann nie verlangen, dass die Wege aller Menschen auch nur annähernd miteinander harmonieren könnten. Und dabei noch abgesehen von Grundvorstellungen, sondern einfach gemeint. Der große Umfang des Lebens in Form von tatsächlich vielen Menschen (auch wenn sie Fremde sind). Wer würde schon verlangen, dass alles so sein soll, wie er sich das wünscht, in seiner Vorstellung einer harmonischen Welt. Das soll natürlich nicht Streit oder Konflikt gutheißen, aber einfach zeigen, dass sich Dinge und Wesen bloß durch Teilung eines gemeinsamen Ortes etwa, sich extrem reiben können. Dazu noch dazugehörige Befindlichkeiten, Situationen, etc.

Letztenendes ist vielleicht die Wirkung oder Nichtwirkung von Taten entscheidend, wie ich sie bewerte. Manchmal mag etwas mit demselben Inhalt, zwei völlig unterschiedliche Reaktionen auslösen, weil eben die Situationen so verschieden waren, dass das eine Mal es sich durch positive Wirkung und ein anderes Mal als gegenteilig zeigte. Man kann etwa mit dem Wort „Stop“, etwas Gutes oder Schlechtes zu beenden versuchen. Je nach Situation würde das Wort dementsprechend wirken. Und nicht nach der unmittelbaren, einzig richtigen Bedeutung des Wortes etwa. Und so können auch Taten die genau gleich sind, einmal positiv und ein anderes Mal negativ bewertet werden.

Und jemand, der nach Beweisen für die Existenz von Dingen sucht, sollte sich sehr wohl fragen, ob wohl die kleinen Abläufe oder das große Gesamte wichtiger sind. Denn wenn man annimmt, dass das große Gesamte aus den vielen kleinen Dingen besteht und die kleinen Dinge halt die große gesamte Sache ergeben, wer hätte dann das unberechenbare Element des sich treffenden Lebens bedacht. Denn für jenen, könnten einige kleine Dinge so wichtig sein, wie das gesamte Große. Aber ob es deshalb tatsächlich so wichtig für jenen sein muss, dass es das gibt? Meiner Meinung nach zeigt sich die Unberechenbarkeit des Lebens, eben durch Anzahl und Ausmaß des Lebens. Für mich zeigt sich auch, je kleiner das Ausmaß des Lebens, umso überschaubarer wird es.

Der Charakter von Menschen und deren Art der Kommunikation scheint mit der Welt gut teilbar zu sein. Auch in einer Welt in der man eher als Außenseiter lebt.

Mit dem gemeinsam über etwas sprechen, teilt man sich Dinge. Man erfährt davon und je nachdem wie sie einem gefallen, wird man sie so bewerten. Kommunikation eben, um Erfahrungen zu teilen. Soviel Kommunikation eben, um ein Stück des Lebens, als mit jemandem geteilt ansehen zu können. Und je öfter man das macht, umso mehr wird man es als Teil seines Lebens sehen und nicht als etwas, von dem ich mir fix vornehmen muss es zu tun, weil es schließlich das Positive ist, zu dem man gehören will. Und bestimmt ist es aber nicht ganz automatisch, weil es so viele Elemente gibt, die aus einer guten Unterhaltung einen Streit auslösen können, die man nicht immer ganz berechnen kann. Und was bedeutet es schon, dass man sagt, man habe sich vorgenommen positiv zu sein? Ist denn nicht die Ausführung im Endeffekt das, was jeden Plan ausmacht?

Wenn man sich nach einem Streit wieder vertragen will, denkt man dann primär an seine eigenen Vorstellungen von Harmonie, oder orientiert man sich an einer gemeinsamen Sache? Etwa kann man sagen, „Ja ich will mich vertragen, doch wenn du dies oder das nochmal sagst, dann ist es vorbei"? So könnten in einer Versöhnungsangelegenheit viele Sachen unentdeckt noch Unruhe vermitteln. Dem Einen ist Streit sowieso zuwider und er trachtet ohnehin nach dem schnellstmöglichen Ende dessen. Jemand anderes meint, dass sich erst durch richtigen Streit aufgestaute Energien lösen. Jemand anderes ist zu schüchtern, um jemals eine Position vertreten zu können. Wenn für die noch so verschiedensten Menschen das Ende des Streits wichtig wäre, warum würden möglicherweise alle erst nach einem würdevollen Ausstieg daraus fragen und würde dieser nicht erreicht, sie den Streit sogar vorziehen? Weil eben Menschen, die meinen, sie lassen sich gar nichts im Leben von jemandem gefallen, die sind, die ihre Sache einfach zu wichtig nehmen. Meiner Meinung nach hängt das eben davon ab, ob ich jemandem wünsche, dass er sich durch mich positiv fühlt. Selbst dann, wenn er mich in einer Art beleidigt hat, die andere zutiefst verachten, aber die für mich halt ein Produkt eines Zusammenseins ist. Ein Zusammensein, das gar nicht nur auf Harmonie aufbauen kann, sondern sich auch mal oft oder auch nur manchmal reiben muss.

Und welche gedanklichen Abläufe durchschreitet man, wenn man versucht jemandem nichts Negatives vermitteln zu wollen, selbst wenn man von diesem beleidigt und gekränkt wurde? Etwa könnte es Prioritäten geben, deren Einhaltung auch oft dazu führt, nicht auf sich selbst zu achten. Das kann hilfreich sein, wenn eben diese Prioritäten einen so hohen Stellenwert haben. Und was hätte ich davon einen Streit mitzuführen und seine inneren Grenzen des jemand anderen Zumutbaren, über Bord zu werfen, wenn für mich das Heraushalten als Lösung jedes Streits gilt? Ich hätte möglicherweise etwas für andere nachvollziehbares geschafft und geschaffen. Doch wenn ich eine Sache nicht berühren wollte, wieso sollte es dann richtig sein, wenn ich sie für die Sache von jemand anderem berühre, und das noch unter Zwang? Etwa ein Zustand der anderen vermittelt, dass man teilnimmt am Zwischenmenschlichen in dieser sehr unangenehmen Situation, der jedoch als Gesamtes nie hätte passieren dürfen. Denn die Frage nach dem Schaden den mir jemand zufügen will, sollte man so betrachten, dass man eher Schaden verhindert, als ihn erst mal zuzulassen, weil es das Leben scheinbar einfordert. Und zusätzlich, wenn Person A und Person B so unterschiedlich sind, dass es wirklich fast nur um emotionale negative Anteile im Streit geht, wie kann sich dann ein Streitwert so negativ an beide haften, als würden sie fast nicht mehr in der Lage sein, ihn weg zu bekommen?

Und wenn ich weiß was sich jemand von mir erwartet, doch ich es nicht tun kann, weil ich es für falsch halte, dann hat mich das Leben oder jene Person in eine Lage gebracht, die man scheinbar nicht klären konnte. Die logische Schlussfolgerung, dass man dann auch an die Folgen denken sollte, wird sich meist ohnehin auftun, für jene die wissen wollen, was genau geschieht. Und es könnte die Frage auftauchen, was in dieser Situation wichtiger ist. Allgemeine Ausrichtung oder situationsbezogene Begebenheiten. Und auch aufwiegen, meine Gefühle und Taten im Vergleich zu einem Streitwert - sachlich oder emotional. Hat man überhaupt Einsicht auf das Bestmögliche als Individuum? Und ist man trotz des Unwohlseins an einem zufriedenstellenden Ausgang des Streits für beide interessiert?

Denn das volle Maß an Einsicht auf meine Gedanken und Gefühle wird wohl niemand durch Mutmaßungen erreichen. Wohl eher ist es so, dass ich mit Abschätzen der Lage vielleicht, wenn überhaupt, grobe Umrisse und Strömungen des anderen Verhaltens erkenne.

2. Schein und Tatsache

Wenn man daran denkt einen Beitrag zu leisten, was würde man sich als Unterstützung oder Gegenleistung einer Welt erwarten? Wenn man jemanden belohnt mit etwas, das jener sehr gerne hat, beweist dann die Belohnung ihren festen Platz durch die Freude des anderen? Wäre es wichtig, wenn diese Belohnung für den der sie austeilte, nichts Bedeutendes gewesen wäre? Sollte man danach fragen, was du bekommen willst, oder sollte man auch fragen, was ich geben will? Ist die Tatsache der verdienten Belohnung ein Qualitätsmerkmal, das mir nur andere Personen zusprechen können? Ist die Belohnung etwa nur Schein einer Wiedergutmachung für erbrachte Anstrengungen? Wird man dadurch etwa auch gleich zur nächsten Sache gelockt, die man dann für andere machen soll? Und wo sollte aus moralischer Sicht ein Belohnungssystem beginnen und enden? Wo kann man ein Belohnungssystem einfordern, da man sich das selbst schön zurecht gedacht hatte?

Wenn man sich eine Art Sinngebung für sein Leben überlegt, wie wichtig ist dann der Eindruck einer möglichen ordentlichen Welt, in der andere dasselbe versuchen zu erreichen? Etwa kann man bestimmt Werten, Sinn zuordnen. Und Verhaltensweisen als Form von Ausdruck scheint man die Tatsache zuordnen zu können, dass man damit etwas erreichen will. Und wo etwa kreuzen sich sinnvolles Verhalten und Beruf? Wo trifft sich Überzeugung und Möglichkeit, wie man etwas schaffen kann, das Sinn macht? Und wann gilt Alltägliches als tatsächlich voll sinnlos? Wenn ich das sage, oder die Welt es mir bescheinigt? Wann wird mir die Möglichkeit geboten, richtigen Sinn in alltäglichen Sachen zu finden, wenn ich doch zu beschäftigt bin mit unwichtigen Dingen, die die Gesellschaft einfordert? Und wo stünde ich in einer sinnlosen Welt, die nur fordert und nichts als Gegenleistung anbietet, mit meinem Wunsch nach sinnvoller Tätigkeit?

Ist mein Verhalten die Tatsache meiner vorhandenen Fähigkeiten? Und wenn das bei anderen nicht so ist, könnte man dann beweisen, dass für die meisten Menschen das Leben ein unbedeutender Fluss ist, genährt von Belohnungen und unbedingtem Zwang, die Welt so aufrechtzuerhalten? Wenn ich mein Verhalten bessern will, denke ich an Fähigkeiten das zu tun. Wenn ich die Welt verbessern will, denke ich an Verhalten, das ich ändern will. Wenn ich Fähigkeiten verbessern will, bewirkt das in der Welt vielleicht etwas, bewirkt das in meiner Welt vielleicht etwas. Wenn meine Welt aus einer Masse an Verhalten besteht, das ich nicht mehr verbessern kann, wird es mir den obersten Grenzwert des zu erreichenden Sinns offenbaren. Wenn Überzeugung mein Verhalten und meine Fähigkeiten bessern kann, wieso sollte das der Ordnung halber mit anderen Menschen auch nur annähernd etwas zu tun haben?

Stünde etwa ein Beitrag zum Thema, den man der Welt in irgendeiner Form schuldig ist, weil einem die Welt auch Werte anbietet, wieviele Sachen würde die Welt gar nie verlangen und trotzdem von mir bekommen? Was würden für andere wertvolle Sachen bedeuten, die mir kaum etwas bedeuten? Wenn ich der Welt Wert liefere, muss das dann mit weit verbreiteten Werten etwas zu tun haben? Kann sich das Maß des erreichten Wertes auch an einzelnen Individuen messen, je nachdem ob nur dieser eine oder andere es als wertvoll oder nicht befindet? Kann man denn überhaupt einen Wert erreichen, der alles von der Welt Empfangene ausgleicht? Sicher scheint die Tatsache, dass mit einer gewissen Anzahl an Wert, sich irgendwo bei irgendwem eine Befriedigung einstellen wird, weil man schließlich auch mit der Vielfalt rechnen muss, die das Leben schon aufgrund der hohen Anzahl an Lebewesen bringt. Und vielleicht kann man auch nur behutsam und nacheinander, quasi Stück für Stück, einen Ausgleich schaffen, weil eben das Empfangene zu umfangreich war, als dass man es als Einzelperson hätte zurückgeben können.

Oder die Überlegung, wann man mit der erreichten Masse an Taten auch eine gleichbedeutende Menge an Bedeutung in anderer Leben erreicht hat? Hätte das mit gleichen Interessen, Vorlieben, etc zu tun? Und erreicht man oft Menschen mit einer Art von Positivität mit der man gar nie rechnen würde, oder es bemerken würde? Weil es bestimmt Menschen gäbe, die von einer kurzen ehrlichen Unterhaltung so befriedigt sind, wie andere von Taten, die man eben als viel umfangreicher einstufen würde. Oder der Schein des lang Anhaltenden im Vergleich zur kurzen Befriedigung. So zeigt sich mir positiv, dass es möglicherweise total mit Individualität zu tun hat, was man im Leben anderer positiv bewirken kann.

Und der Schein der gleichbedeutenden Bestimmung. Nur weil Menschen ähnliche Taten tun, muss dadurch deren Einstellung zur Welt noch lange nicht gleich sein. Es gibt schon soviel als gut manifestiertes Verhalten, dass es weder als positiv oder negativ bewertet werden sollte, wenn Taten und Verhalten sich ähneln. Denn vielleicht will Person A mit einer Tat etwas ausdrücken, womit Person B etwas gänzlich anderes ausdrücken wollte. Es könnte sein, dass eben Dinge die leicht verständlich sind und sofort gut einordbar sind, dennoch nicht bei allen Personen dasselbe bedeuten. So stellt sich die Frage, wann man sich sicher sein kann auf das gestoßen zu sein, was ich sofort als genau erkannt eingestuft habe. Wann ist man auf etwas gestoßen, das nur den Schein hatte, des sich gut Erklärbaren und etwas, das eigentlich auch nicht in Frage gestellt werden müsste, weil eben schon die Lebenserfahrung Richtungen erkennen lässt. Doch es kann dann so sein, dass das Unsichtbare hinter Taten sowohl bestand, und zwar auch als etwas, das man sich nicht immer erklären konnte. Es könnte auch sein, dass man noch gar kein Konzept sich ausdenken hätte können um das zu erkennen, weil es die eigene Ansicht der Dinge war, die einen tiefer beeinflusste, als der Schein des Unbekannten.

Wann sollte der Schein mehr beeindrucken als die Tatsache? Wann ist einem das Unbekannte wichtiger als das wohl Vertraute? Wie oft kann ich von der Welt verlangen, dass sie mich auf die absolute Verstecktheit von wichtigen Dingen hinweist? Und wie sollte ich damit umzugehen wissen, dass ich oft Dinge komplett verkenne? Und wo wird aus meiner Einschätzung ein Wert für andere? Weshalb ist man angewiesen auf eigene Auslegung von allem, was man an Reizen aufnimmt? Und wieso wäre es für die Welt tragbar, dass immer eine Menge an Taten als verkannt übrig bliebe und noch mehr, vielleicht würde gar nie der wahre Kern der Sache herausgefunden.

3. Gut erklärbar

Ist es der Schein des einfach Wiedergutmachbaren was einen stets auf Probleme blicken lässst? Denn man könnte sich oft schon vor der Problemlösung sicher sein, dass man das Problem lösen wird. Und das nicht nur unterstützt durch Hoffnung, sondern auch genährt durch Erfolgserlebnisse dieser Art aus der Vergangenheit. Und oft ist es der Schein, dass man das Problem ohnehin lösen können wird, der sich zwar oft bestätigt, doch dennoch verwirrend sein kann. Mag sein, dass das mit der Häufigkeit zu tun hat, in der Probleme auftreten. Wenn man eine gut erklärbare Problemlösung fand, konnte man dann das Problem auch besser jemandem erklären?

Etwa könnte es sein, dass man es beständigen Dingen eher zuordnet gut erklärbar zu sein. Weil eben auch das Maß wie man damit umgehen kann, es schon anbietet, es sich besser erklären zu können, als etwa total unerklärlichen, zerstörerischen oder gefährlichen Dingen. Könnte man daraus schließen, dass Menschen sich lieber solchen Dingen, die sich als Erfolg bringend zeigen, erklären und auch leichter erklären wollen? Denn, wenn das Maß ausschlaggebend ist, was einem etwas bringt, könnte es dann nicht sein, dass man vergisst, zum wahren und versteckten Kern der Sache vorzudringen, in dem vielleicht nichts so ist, wie es mir diese Oberflächlichkeit zeigt? Die Oberflächlichkeit könnte sogar im Ausmaß so groß sein, dass sie die noch so gut ausgefeilteste Hinterfragungstechnik auf lange Zeit befriedigt. Weil es eben dann, um den wahren Antrieb hinter Dingen geht, der genauso komplett negativ sein kann. Und wer würde nicht gerne seinen größten Feind so zerstören, dass dieser es erst in der Sekunde seines Todes bemerkt und dieser davor nie etwas bemerken hätte können? Der sogenannte wahre Kern, der unerklärbar war, und nicht, alles Erklärbare einer Sache, die aufgrund von fehlender Intelligenz und Möglichkeiten nie entdeckt hätte werden können. Und wäre es dennoch wichtig gewesen Begrenzungsposten zu erreichen, die einem in einer Form von richtigen Dingen aufzeigen, dass man am richtigen Weg ist, weil es zu dieser ganzen Täuschung einfach dazugehörte?

Denn viele Menschen würden den noch so größten Blödsinn als sinnvoll erklären, bevor sie den Eindruck erwecken, dass sie gar nichts verstehen. Das ist noch mehr als eine menschliche Eigenheit, das gehört zum Lauf der Welt. Es ist auch der Lauf der Welt, dass Menschen es brauchen, sich ihr Leben als gut zu erklären. Oft scheint es aber schon so, dass wenn wirklich tiefgreifende Schicksalsschläge passieren, Menschen dann schon etwas zum Umdenken bringen kann. Das mag einerseits gut sein, andererseits vielleicht der total falsche Denkanstoß. Brauchen Menschen erst den Druck, dass deren gesamtes Gedanken- und Moralgerüst einstürzt, sodass sie zu verstehen beginnen, dass nicht alles so toll ist, wie sie das meinen? Und warum nährt sich ein solches System noch mit gesellschaftlich anerkennbaren Werten? Muss der Mensch mit der Zerstörung konfrontiert werden, ehe er erkennt, dass sein Maß an Verstehen eben nur in einer von Menschen für Menschen geschaffenen Welt Wert hat, doch im Gesamteindruck eines Lebens, in einem Universum, keinerlei Bedeutung trägt?

Und sollte etwas durch meine Fähigkeit es zu erklären, im Leben anderer dadurch Bedeutung erlangen?

Meine Meinung könnte auch das sein, was sich vielleicht für mich, mir gut erklärbar darstellt.

Im Rahmen von Bedingungen die vorhanden sind, dass viele Menschen in einer Art Friedenszustand nebeneinander leben können, wie sehr könnte sich eine allzu starke Anpassung an das unbedingt vorhanden sein müssende wohl bewerkstelligen lassen? Wenn Bedingungen um etwas zu erreichen, mal wichtiger, mal unwichtiger sind, wie stark kann man das dann als richtungsweisend einordnen, insofern es eventuell nur Hilfsmittel wären und die Richtung des ganzen Tuns oder Denkens etc., etwas ganz anderes wären? Müssen Bedingungen die man annimmt um damit in seinem Leben etwas zu bewirken, voll erklärbar sein?

Und selbst wenn eine Sache nur den Schein des gut erklärbaren hätte, wäre sie somit zumindest gut her zu nehmen, um zumindest Menschen in erster Instanz von sich zu überzeugen.

4. Eindruck

Wenn der entscheidende Eindruck zur Schaffung einer Meinung etwa auch das sein könnte, was man etwa auch dem zuordnen könnte, was innerhalb des Rahmens seiner Fähigkeiten lag, wo stünden die eigenen Methoden den anderen gegenüber in Konversationen? Bestimmt auch durch ein gewisses Maß an Eigenkreativität, würde der erfolgsbringende Moment meiner genutzten Fähigkeiten gut aussehen. Doch wo ist das ganze Spektrum an anderen Personen, die sich vielleicht ganz anders Situationen erklären, dann, wenn ich einfach Gründe habe oder finde, wodurch ich eine Situation als Erfolg beschreibe? Ist das dann eher meiner Gedankenwelt zuzuordnen oder fest im Leben verankert? Und wo stünden jene, die behaupten, dass, Ausdruck an sich, auch Freudenausdrücke, immer mit Gemeinsamkeit zu tun hat? Vielleicht hätte sich jemand alleine viel besser gefühlt, als überhaupt in Anwesenheit von Personen. Und wenn mein entscheidender Eindruck der mir zur Meinung über ein Thema hilft, niemals durch etwas beeinflussbar wäre, was hätte ich für einen Grund, mir noch etwas zu der Auswirkung meiner Meinung auf andere zu überlegen? Was wäre, wenn das zudem mit Willen somit gar nichts zu tun hätte? Sondern halt bloß ein Etwas war, das aufgrund der Souveränität gewissermaßen des Unteilbaren, vielleicht keine Aufmerksamkeit verdient hätte.

Und wie vermittelt mir der Eindruck der Welt etwas darüber, wie ich mich verhalten soll? Etwa könnte ein bleibender guter Eindruck auf mich so wirken, dass ich die Welt sehr zu mögen beginne. Der Eindruck, den ich von der Welt habe, könnte mich wie angesammeltes Wissen leiten. Und bei der Frage nach Berechtigung menschlichen Verhaltens, was wäre mir zur Begutachtung wichtiger? Der Gesamteindruck oder einzelne Facetten? Denn, wenn ich bei Menschen einen guten Eindruck von mir hinterlasse, klärt das dann auch alle Zweifel darüber, wie ehrlich etwa mein Verhalten ist?

Eine Welt in der gesammelte Eindrücke über jede Meinungsbildung entscheiden, wie unverfälscht würde man sich eine solche Welt vorstellen können?

Und wo steht man mit seiner Auffassungsgabe, wenn der Eindruck von allen Dingen stets positiv oder negativ besetzt sein muss?

Etwa könnte man auch an das Situationsbedingte von Eindrücken denken. Und daran zu denken, dass der jeweilige Eindruck einer Situation oder Sache vielleicht mit vielen anderen Elementen, wie eigene Ansicht, Profit an einer Sache, Ziele und Ursachen verbunden sein kann, und dass somit, nicht der letztendliche Eindruck über eine Sache die höchste Bestätigung bringen sollte. Weil man vielleicht aus einer Sache einen ganz bestimmten Nutzen ziehen wollte und somit schon ganz bestimmt darauf hingetrieben worden war, sie so zu erleben, dass man sein Ziel erreicht, und nicht das freie Element des Eindrücke-Sammelns walten hätte lassen können. Und man kann hier die Frage stellen, ob etwas der Eindruck war oder das Erwartete. Und das Erwartete war ohnehin stets mit irgendeinem Nutzen verbunden.

Mit seinen Eindrücken könnte man auch etwa Reize sammeln und einordnen. Je nachdem wie ich den Eindruck wahrnahm, könnte ich mir die dementsprechende Meinung dazu bilden. Und der Eindruck nicht nur als Quintessenz um sich eine Meinung zu bilden, sondern gleichzeitig auch als Anstoß zur Meinungsbildung. Konkret könnte es auch der Eindruck sein, der mich dazu veranlasst, überhaupt Dinge bewusst wahrnehmen zu wollen. Man hatte sich daran gewöhnt, dass Dinge, Personen, Situationen, etc., einen Eindruck bei sich hinterlassen. Und durch die Möglichkeit einen Eindruck wahrzunehmen, nehme ich ein Stück bewusster am Leben teil, als etwa es mir Leere zeigen würde. Und zusätzlich kann der persönliche Eindruck von etwas, etwas sein, was sehr stark seine Lebenseinstellung und Anschauung widerspiegelt.

Letztendlich könnte es auch an der Widerspiegelung dessen liegen, wenn der Eindruck sich im Geist zeigt, etwa auch das Einordnen, Analysieren. Wenn wie ein Abdruck, sozusagen gedanklich, etwas wie eine Struktur entsteht, die man im besten Falle sogar als gern zugehörig zu seinem Leben bezeichnen würde, oder je nachdem welcher Art sie wäre, ob positiv oder negativ.

Etwa könnte es auch in der Betrachtung liegen wie man Eindrücke wahrnimmt.

Es könnte auch ein Gesamteindruck die Summe von Elementen sein, von denen man etwas versteht. Als Gegenteil möchte ich hier die Phrase anführen, „davon konnte ich keinen Eindruck gewinnen".

5. Transaktion

Wenn man Transaktionen auch ständig als Erlebnisse wahrnehmen kann, dann wird wohl der Kern der Erlebnisse etwas sein, womit man irgendwie umgehen wird können. Ansonsten wäre wohl alles im Leben zu schwierig zu meistern.

Man wird sich vielleicht manchmal schwer tun, das unmittelbar an sich gerichtete, in Transaktionen zu erkennen, weil das Leben einfach zu viele Reize ausstrahlt. Man muss selektieren.

Einerseits könnte das Zielgerichtete in Transaktionen, Hinweis auf Zielsuche sein und andererseits fast schon als Tätigkeit zu bezeichnen sein, weil es ein steter Weg ist, Konversation und Transaktion zu führen. Ein weiterer Hinweis könnte es sein, wenn man bedenkt, dass sicher auch ein gewisser Energieaufwand benötigt wird um überhaupt zu sprechen, oder irgendwie eine Transaktion zwischen Wesen zu führen. Vielleicht liegt eine große Attraktion in der Transaktion auch im zu erreichenden Effekt? Und solche Effekte könnten bestimmt sehr artenreich sein.

Es kann sein, dass Transaktion dazu führt, Positionen zu beziehen, die man vielleicht ohne Kontakt zu jemandem getrost beiseite lassen hätte können, weil sich jener ganze Umstand einfach aus einer Situation ergeben hat. Jeder weiß, dass es Situationen gibt, die man als eher wertvoll bezeichnen würde als andere.

Wenn es mit Transaktion verbunden ist, was ich mit Menschen an Gemeinsamkeit erlebe, wie würde sich dann ein Lernweg zum Erlernen von Transaktion auf mein zu erreichendes Pensum auswirken? Und wenn es die Transaktion wäre, die eine Situation lebenswert macht, wie wichtig wären dann die Dinge aus denen sie besteht? Wenn der Weg meiner Transaktion etwas ist, das ich mit meiner Konversation erreichen will, dann könnten ähnlich wie Statisten im Theater, Situationen mal so mal so aussehen und die Konversation würde dennoch die gleiche bleiben. Weil sich alles andere als die pure Konversation, in jener Situation, als nicht mehr austauschbare Rahmenbedingung zeigte.

Und ist die zielgerichtete Transaktion auch das, welchem man besonderen Stellenwert verleihen hätte sollen? Konversationsfluss kann oft unbedeutend sein. Jedoch sind vielleicht die vielen kleinen Schritte einer unbedeutenden Konversation auch gut zu machen, da man auf ganz neutrale Mittel zurückgreift um diese zu führen. Man machte etwas, was einfach in der jeweiligen Situation vielleicht nichts brachte, doch das Mittel dazu, die Transaktion und Konversation, war so gut gemacht, wie man es kann und gelernt hat. So bleibt es an einen allgemein gültigen Stellenwert zu denken, der mir den wahren Kern der Transaktion offenbart. Doch dieser wird nur insofern zu finden sein, als das man ihn auf das zu Erreichende komprimiert. Weil es oft die reine Konversation nicht ist, die wichtig ist, sondern eben das zu Erreichende. Und die Konversation somit als Mittel zum Zweck, der sehr angenehm oder auch unauffällig sein kann, jedoch vielleicht aufgrund der Gewinnung von bloßem Nutzen, nicht als einziger Weg zur Erreichung eines bestimmten Zieles genannt werden sollte. Und wäre die Art der Transaktion und Konversation immer ein entscheidender Faktor bei der Frage nach dem zu erreichenden Ziel?

Und wenn man durch Konversation Taten setzt, wieviele Elemente müsste man bedenken, ohne die ein Weg von der Konversation zu Taten noch um vieles schwerer zu erreichen wäre? Ein grober Umriss dieser Elemente würde wohl etwa Befindlichkeit, Methoden, Sozialaspekte zeigen.

Das Wesen von Transaktion scheint auch zu sein, dass sich mit treffenden Lebewesen sich auch ganze dazugehörige Leben mittreffen.

Wenn das Wesen von Transaktion jenes ist, dass Menschen sich damit so erreichen als hätte man gemeinsam etwas geschaffen, welche Strukturen würden wohl die Transaktion eines jeden Einzelnen so nähren, wodurch man sich darauf berufen kann, dass sie immer wieder in vollem Ausmaß geschieht?

Wenn das Leben auch aus einem ständigen Wunsch nach Transaktion besteht, aus welchen Bereichen würde man die Transaktion komplett ausschließen wollen?

Wenn Transaktion gegen Einsamkeit hilft, hilft dann gar keine Transaktion gegen ein Gefühl von zu viel Gemeinsamkeit?

6. Gefühl

Wenn man sagt, „in einem gesunden Gefühl von …, erkenne ich dies und das", bedeutet das, dass man mit Gefühlen Dinge, wie Erkennen, Verstehen, Erklären, Können, besser handhaben kann?

Wie und ob sich Gefühle tatsächlich kontrollieren lassen und ließen?

Meine Gefühle sind mir so eigen, wie mein Körper und meine Gedanken etwa. Wenn ich nun Gefühle mit jemandem teile, dann könnte man sagen, ich teile ein Stück von mir und ein Stück meines Lebens gleich mit. Und wenn jemand keine Gefühle mit mir teilen will, sagt er mir dann damit, dass er sich wünscht, dass sich unserer beiden Leben gar nicht berühren? Wenn mein Gefühl es ist, was ich mit jemandem teilen will, wieviel würde ich mir wünschen zurück zu bekommen, sei es aus Anerkennung, Bestätigung oder Akzeptanz? Wenn ich meine Gefühle jemandem vermittelt habe, könnte das etwas Besonderes oder Belangloses sein. Wenn ich niemals jemandem meine wahren Gefühle vermittle, was wäre mein Antrieb eine solche Person immer wieder zu treffen und mit ihr zu sprechen? Wenn geteilte Gefühle etwas absolut positives sind, müssten wohl die Gefühle die man bespricht, nicht immer positiver Natur sein, weil der Austausch viel wichtiger war, als das Gefühlte, welches sich je nach Situation mal so und mal so zeigen hätte können. Dennoch könnte es sein, dass positive geteilte Gefühle mehr Gutes bewirken, als gegenteilige. Weil sich eben die Art der Kommunikation und des Gesprächs an dem Kern jenes Gefühls orientieren kann.

Wenn man Gefühle jemandem vermitteln will, gibt es etwas wie Voraussetzungen oder Bedingungen die man haben wollen würde, um sicherzustellen, dass etwa der Moment und das Ganze meiner Sensibilität auch würdig sind? Hat es mit einer Grundeinstellung zu tun, dass man Gefühle mit manchen Menschen gerne teilt und mit anderen gar nicht? Sind es die Gefühle die einen veranlassen, sie zu teilen, oder sind es soziale Gepflogenheiten und Abläufe wodurch das geschieht? Spielt der Wunsch Gefühle zu teilen entscheidend mit, in der Möglichkeit Gefühle zu empfinden?

Sind Gefühle ähnlich wie Erfahrungen?

Was müsste man alles bedenken, im genauen analysieren seiner Gefühle? Wäre es notwendig Personen genau zu analysieren, mit denen man Gefühle teilen will? Spielt die Erwartung anderer eine Rolle, wieviel Gefühl ich fühlen und teilen will?

Spielen Gefühle eine wichtige Rolle in der verbalen Vermittlungsfähigkeit von Erlebnissen?

Wenn ich mit meinen Gefühlen auch anderen zeigen will, was ich an Gefühlen zu erreichen fähig bin, wie oft müsste ich mir überlegen, wann ich die Möglichkeit habe meine Gefühle mit anderen zu teilen? Denn selbst wenn ich lange Zeit niemanden habe, um über meine Gefühle zu sprechen, werden sie trotzdem gleich gefühlt bleiben, quasi als eigenständige Sache. Nun kann es aber sein, dass Menschen oft so sind, dass wenn sie keinen Austausch über Gefühle haben, sich eher in eine Lage gedrängt fühlen, weniger für Dinge oder Personen zu empfinden.

Gefühle zu empfinden könnte man auch damit in Verbindung bringen, als dass man an Dingen teilnahm, anstatt davon ausgegrenzt zu sein. Es gibt auch negative Gefühle, doch selbst die haben vermutlich die Ursache irgendwo in einer Art von Leben, und nicht gegenteilig irgendwo dort, wo gar nichts ist.

Und wenn man positive und negative Gefühle bewertet, wie bezieht man dann alles was diese Gefühle hervorbringt mit ein?

Ist alles an Gefühlssachen etwas so persönliches, dass man es sich nur so erklären will, wie man das selbst als richtig erachtet?

7. Ausdruck

Der Ausdruck von etwas könnte auch einfach das Vermittelbare sein.

Etwa scheint der Ausdruck in bestimmten Situationen, wie ein Mittel zur Verständigung. Dabei ist er einfach mehr eine Art von Mitteilbarkeit und hat nicht oft nichts damit zu tun, wie er angenommen oder wahrgenommen wird. Wenn der Ausdruck in einer Situation nur eine Aussage ist, dann steht die Aussage, sobald sie gemacht wurde, für sich selbst und die Reaktion der Umwelt darauf, ist wieder etwas anderes und für sich eigenständiges.

Wenn der Ausdruck persönliche Ansichten beinhaltet und die Tatsache, wie mein Ausdruck aufgenommen wird auch persönliche Ansichten beinhaltet, steht es dann fest, dass bei Abgabe und Empfang von Ausdruck, sich Menschen einer Gemeinsamkeit widmen? Oft kann ein Ausdruck etwas sein, das niemand sonst hört, sieht, etc. Oft lebt ein Ausdruck nur davon, von jemandem gesehen, gehört zu werden. Jemandes Ausdruck kann oft so etwas Persönliches sein, dass er nicht will, wenn er einer fremden Welt ausgesetzt wird, in der jeder sich eine Meinung bilden kann, der ihn sah, hörte, etc.

Wenn man mit Ausdruck der Welt etwas beigeben will, hatte man mitunter schon davor etwas von dieser Welt empfangen. Dinge, die einen positiv oder negativ bestärkten. Und je nachdem könnte man dann den Ausdruck in gewissen Situationen auch als Reaktion sehen. Je nachdem könnte der Ausdruck mal Folge von Einflüssen der Welt sein, ein anderes Mal schlicht etwas Individuelles sein, das sich so sehr von der Welt abgrenzt, dass schon das Mitteilen davon, eigentlich die Bezeichnung Ausdruck, etwas in Frage stellt.

Oft kann ein Ausdruck etwas sein, was von jedem anders interpretiert werden kann.

Es kann auch so sein, dass erst bei Empfang des Ausdrucks sich eine Art Befriedigung bei jener Person einstellt, die ihn abgab.

Geht jeder sprachliche Ausdruck mit dem Wunsch nach Kommunikation einher? Oder ist der sprachliche Ausdruck auch etwas, das oft auch niemanden erreichen muss? Denn wenn der Ausdruck gemacht wurde, könnte man ihn auch schon als abgeschlossen ansehen. Alles was er bewirkt, könnte schon wieder ein Wirkungsfeld sein, das mit so vielen anderen Dingen zu tun hat, dass der Ausdruck nur Anstoß dafür sein konnte, aber nicht die Essenz, die das ganze Rundherum aufrecht erhält.

Ein Ausdruck, der niemanden erreicht muss nicht unbedingt das sein, was niemanden interessiert.

Ein Ausdruck könnte auch das Produkt vieler verarbeiteter Reize sein.

Ein Ausdruck könnte auch der Reiz dessen sein, wie man sich wünscht, von der Welt wahrgenommen zu werden.

Vielleicht geht der Ausdruck auch mit dem Wunsch, wahrgenommen zu werden, einher.

Und wenn ich den Ausdruck als ein Stück Persönlichkeit präsentiere, wer soll dann Elemente daraus vielleicht negativ bewerten, weil es eben nur so mit seinem Weltbild vereinbar ist? Weil vielleicht hinter manchem Ausdruck so viel Wahrheit oder Lüge steckt, dass man ihn so wie er ist, hinnehmen muss. Und das nur, um die Position die jemand mit seinem Ausdruck einnahm, nicht sich in ein rechtes Licht denken und rücken, weil eben nur die Auswirkung auf jemand anderen beeinflussbar war, und der Ausdruck selbst, immer schon nur Sache desjenigen war, der ihn abgab. Eine Aussage etwa, die gemacht war, bestand in ihrer Souveränität. Doch was andere damit anfangen konnten, konnte eine Sache von anderen sein.

Wenn Ausdruck eine Form von sich Mitteilen ist, ist dann ohne Ausdruck ein Mitteilen von Etwas gar nicht möglich?

Mein Ausdruck könnte auch komplett missverstanden werden, weil jener Person das nötige Wissen oder der Hintergrund zu meinen Lebenserfahrungen fehlt.

8. Fähigkeit

Ist meine Fähigkeit all das zu tun, was mich glücklich macht, etwas das ich erlernen konnte?

Wenn ich meine Fähigkeiten jemandem erkläre, erklärt sich dann auch mit, ob und wie ich sie gerne einsetzen würde?

Sind es meine Fähigkeiten, die ich gerne jemandem als das erklären möchte, wodurch ich mich stets in ein positives Licht rücken kann?

Greifen Fähigkeiten ineinander, sodass man viele Fähigkeiten als eine Summe von Elementen sehen muss?

Fähigkeiten müssen nicht unbedingt von jemandem akzeptiert sein, um sie selbst als voll nehmen zu können.

Meine Fähigkeiten sind auch das, was ich anderen vielleicht gerne zeigen will.

Die Fähigkeiten als Möglichkeit Taten zu setzen. Die Taten als Möglichkeit, seinen Fähigkeiten Ausdruck zu verleihen.

Wenn ich mit meinen Fähigkeiten, Interessen und Vorlieben Ausdruck verleihe, wo ist dann der Punkt, an dem ich Dinge schlicht liebe oder respektiere, ohne viel davon zu verstehen? Etwa könnte man Fähigkeiten auf Gebieten die man gerne mag, viel besser beherrschen, weil man viel mehr Zeit damit verbracht hat, diese Fähigkeiten zu fertigen, als mit Sachen die man nicht mag. Und wenn ich etwas mag, wovon ich aber nicht viel verstehe, muss ich nicht automatisch den Wunsch entwickeln, mir Fähigkeiten in diesem Genre zu lernen. Weil Fähigkeiten oft etwas sind, für dessen Verbesserung man sehr viel Zeit und Kraft aufwenden muss. Etwa auch, nur weil ich mag, was jemand anderer kann, heißt das nicht, dass ich das auch unbedingt lernen will. Weil man es bestimmt gut akzeptieren kann, dass der eine auf einem Gebiet besser ist, und jemand anderer auf einem anderen.

Etwa können Fähigkeiten auch sehr spezifisch auf ein Genre gerichtet sein. Und weil ich von Sache A etwas verstehe, muss Sache B für mich noch lange nicht verständlich sein. Weil es sich nicht um eine Basis an Fähigkeiten handelt, mit der man sämtliche Genres, wofür man Fähigkeiten aufbringen kann, beherrscht, sondern man ganz gezielt von einer Sache viel, von einer anderen wenig beherrschen kann. So zeigt sich auch, dass es möglicherweise sehr gut ist, dass Menschen auf unterschiedlichen Gebieten Fähigkeiten vorweisen können. Nicht weil die Welt das einfordert, sondern weil es der Natur entspricht und Fähigkeiten, die man hat oder gelernt hat, auch viel mit seinem ganz persönlichen Lebensstil zu tun haben können.

Und wenn man wirklich tiefgehend über Fähigkeiten spricht, lässt sich aufgrund der Realitätsbezogenheit vieler Fähigkeiten bestimmt gut etwas darüber herausfinden, wie man zu jenen kam.

Wenn man von Fähigkeiten im sozialen und zwischenmenschlich kommunikativen Bereich spricht, sollte man bedenken, ob man vielleicht auf eine Art und Weise Fähigkeiten erlangte, die man bei einer Analyse einem ganz anderen Genre zuordnen würde. Etwa könnte man die Fähigkeit lange und ausführliche Gespräche mit vielen Menschen führen zu können, manchmal einfach darauf zurückführen, viel Liebe dieser Personen empfangen zu haben, und daraus entwickelte sich eben jene Fähigkeit.

Fähigkeiten zu lernen, kann auch oft Zeichen für Aktivität sein.

Wenn ich meine Fähigkeiten jemandem lernen will, muss ich ihm dann auch genau erklären, was ich mit diesen Fähigkeiten alles machen wollen würde.

Viele Fähigkeiten sind auch schlicht Folge von Erlebnissen, nehme ich an.

Wie erklärt es mir eine Welt Fähigkeiten zu erlernen, die viel bewirken können, mir jedoch weder Spaß machen, noch mein Interesse wecken können?

Sollte es ein Prädikat für Menschen sein, sich Fähigkeiten anzuhäufen, selbst wenn man nie dazu kommt sie auch in die Tat umzusetzen?

Manchmal sind persönliche Fähigkeiten etwas, worauf man mehr achten sollte als darauf, wie andere etwas tun und handhaben.

9. Liebe

Liebe nährt sich auch durch Teilbarkeit.

Liebe lebt auch vom Schein des als absolut gut Anerkennbaren.

Bedeutet Liebe dasselbe wie das Fühlen von Liebe?

Etwas zu lieben ist wie die Anerkennung all jener guten Seiten. Und gleichzeitig scheint die Liebe neutral genug zu sein, um auch die weniger guten Seiten von etwas als voll zu nehmen. Vielleicht weil das Gefühlte an der geliebten Sache, keiner negativen Einmischung wert ist, und man es sich längst verinnerlicht hat, auch auf das zu achten, was diesem Gefühl schaden kann.

Liebe sollte auch so frei sein, sich Kritik an ihr selbst genau anhören zu können.

Und dennoch werden viele, die Liebe mit jemand anderen fanden zu berichten haben, dass es ein oft verwirrender Weg dazu war.

Man sollte auch nicht versuchen die Liebe zwischen Mann und Frau an Attribute, wie freie Sexualität oder Enthaltsamkeit zu binden, im Versuch ihr den ultimativ richtigen Geist zu verleihen. Da meiner Meinung nach die richtige Liebe, die von Mensch zu Mensch auch sehr unterschiedlich sein kann, etwas ist, das auch sehr den individuellen Geist jeder Person ansprechen kann. Es wäre also falsch zu sagen, „sieh, wir leben die richtige Liebe“ und jedem der von dieser Art abweicht, Falsches zu unterstellen. Jedoch kann man sich vielleicht ein Gerüst an Werten erdenken, die die Mehrzahl an Menschen als richtig akzeptieren würden, weil es sich um solche Dinge handelt, bei denen man klar erkennen müsste, dass die Liebe von der man spricht, sich einfach aus einer Art von Gefühl für richtig oder falsch, friedvoll oder gewaltvoll, herauskristallisiert. Somit hätte man bestimmt auch ein Gefühl für das Gegenteil dessen. Und Grundsatzfragen, ob überhaupt Menschen die diese Liebe bewerten, die Liebe grundsätzlich im Positiven oder Negativen ansiedeln, sind dann bereits Fragen, die man nicht genauer untersuchen müsste, weil man bestimmt schon genug Erfahrung damit sammeln konnte, um solche Grundsatzfragen ohne Zweifel beantworten zu können.

Liebe kann sich auch in eine Vielzahl von Dingen einreihen, die man gerne mit anderen teilen will.

Wenn Liebe auch das ist, was man gerne mit Dingen oder Personen in Verbindung bringt, dann könnten es die gemachten Erfahrungen sein, die mich dazu veranlassen. Es könnte auch einfach wie eine Art Freude oder auch Vorfreude auf Dinge sein, die zu machen man schön findet oder sich das dachte. Und dort wo Liebe direkt mit Dingen oder Personen verbunden ist, ohne die diese Liebe nicht vorhanden wäre, sollte man sich fragen, ob man es auch bei kritischer Betrachtung so sehen würde, dass diese Dinge oder Personen seine Liebe verdienen und diese richtig am Platz ist. So könnte man wie in einer Art von Kontrolle versuchen herauszufinden, wie sehr einen die Liebe an Dinge oder Personen bindet. Und auch hinterfragen, ob die gefühlte Liebe auch das Gute war, für das man es hielt und nicht vielleicht nur irgendein aufgestautes Etwas, das sich für einen selbst als Liebe zeigte, jedoch eventuell nur eine Reaktion aus Interesse oder anderen Motiven war.

Wenn Liebe auch mit Möglichkeiten zu tun hat, sie hervorzurufen, wie breitgefächert würde man sich vorhandene Bedingungen und Möglichkeiten wünschen? Weil, wenn man die Liebe als ständig wiederkehrenden Faktor haben wollen würde, läge es auf der Hand, sich eher eine Mehrzahl dieser Möglichkeiten zu wünschen. Oder es wäre der Fall, dass man sich schon daran gewöhnt hatte, dass diese Dinge wie von alleine auf einen zukommen, ohne danach suchen zu wollen oder müssen. Wenn meine Möglichkeiten für etwas oder jemanden Liebe zu empfinden beliebig austauschbar wären, wie hätten sich dann die Bedingungen und Möglichkeiten so in mir manifestieren können, dass ich jeder dieser Sachen das Prädikat liebenswert oder noch mehr verleihe? Weil die Frage nach der Ursache für das Gefühlte eigentlich so beantwortet werden sollte, dass man diesen Dingen konkret zuordnen können sollte, was sie für einen Platz in meinem Leben haben. Somit ist also diese Vermischung von allen Dingen und Möglichkeiten etwas, das nicht für sich selbst stehen kann, weil die hervorgerufene Liebe etwas ist und war, das ganz gezielt verursacht wurde und somit auch einen ganz genauen Platz dafür in jemandes Leben und Psyche haben sollte.

Liebe zeichnet sich auch dadurch aus, durch Teilbarkeit nichts an Wert zu verlieren.

10. Einsamkeit + Gemeinsamkeit

Bringt Gemeinsamkeit etwa auch das Leben verschiedendster Leben so zusammen, dass sich Strömungen bilden, wodurch man irgendwann nicht mehr jeden kritisch begutachten muss, um zu erkennen, ob man mit jenem gemeinsam leben, etwas machen, etc., will? Weil sich eben aufgrund der Bestätigung die man erfuhr, sich diese Sache in sich selbst stärkt. Und umgekehrt hat die Einsamkeit bestimmt auch solche Elemente mit Richtungsbestimmung. Nur vielleicht eher im Versteckten, weil das ganze Rundherum im Rahmen von sich selbst stattfindet. Es wäre nur all zu gut vorzustellen, dass die Einsamkeit mehr Richtungsbestimmung in sich trägt, als die Gemeinsamkeit, weil mit viel treffenden Leben auch viel mehr Einfluss von außen dazukommt, der in dieser akzeptierenden Offenheit auch bestimmt Dinge lenken kann, ohne dass es genauer Orientierung bedarf.

11. Stärke + Schwäche

Es ist auch wichtig, Stärken und Schwächen jemandes anderen zu sehen.

Welche Stärken sind so wichtig und groß, dass man jede Schwäche noch zusätzlich deshalb abwerten sollte?

Und welche meiner Schwächen ist so wichtig, dass ich bei kritischer Betrachtung nur Stärke in dieser Sache dulden sollte?

Wenn Stärke und Schwäche ganz klar als Gegenteile dargestellt werden können, sind dann alle Sachen, die mich zu diesen Dingen führen auch gegenteilig? Vielleicht bezieht jemand seine Stärke aus einer Sache, die mich nur schwächen würde, und umgekehrt. Und muss sich jeder den Kopf darüber zerbrechen, warum mich eine Sache schwächen kann, die ihn stärkt und umgekehrt? Weil auch viele Sachen, die einen stärken, vermutlich kein Allerweltsmittel sind, das jeder gleich aufnehmen kann, und dass sollte man aber wissen und akzeptieren. Vielleicht kommt ein solches „nicht akzeptieren" aus der Ansicht, dass man seiner Stärke den richtigen Geist zuspricht und die jeweilige Schwäche in dieser Sache eben als schlecht ansieht. Natürlich sollte man aber dann immer die Frage stellen, ob sich auch jeder, dem man Stärke in einer Sache vermitteln will, sich diese Stärke auch aneignen will. Und oft ist es bestimmt auch richtig, und niedlich dazu, in einer Sache schwach zu sein. Das kann zudem zur Frage führen, wie und ob man diese Sache überhaupt braucht und sich damit beschäftigen will.

Schwäche kann auch sehr nützlich sein, sich von einer Sache klar zu distanzieren. Man kann dabei auch darauf hoffen, dass andere das so akzeptieren, ohne viel nachzufragen, weil es vielleicht oft schon anerkannt ist, sich nicht unnötig klar vorhandener Schwäche auszusetzen. Sondern dann eher die ganze Sache einfach nicht tun zu wollen oder daran denken zu wollen. Hier zeigt sich schon, dass ein Verhältnis von Schwäche dazu führen kann, eine Sache oder einen Umstand ganz gezielt aus seinem Leben ausschließen zu wollen und das ist auch gut so.

Vielleicht ist es auch eine Frage von Grundeinstellung, ob man in Menschen lieber deren Stärke oder Schwäche sehen will und auch eher auf eine dieser beiden Dinge achten will. Man kann das nicht nur bei Menschen so sehen, sondern auch bei Sachen, die Menschen so tun. Etwa kann ich sagen, „ich schaue mir immer wieder an, wie du das so gut machst. Das zeigt mir deine Stärke“. Oder gegenteilig: „ Ich sehe mir immer wieder an, wie schlecht du das kannst“, also eine Art Schwäche.

Stärke und Schwäche können sich auch im gedanklichen und psychischen Bereich zeigen.

Meine Stärke oder Schwäche kann auch einiges über mich verraten und aufzeigen. Etwa Schwäche, weil ich nie lernte, mich in einer Sache stark zu machen. Oder Stärke, die ich mir nicht besonders aneignen musste, die einfach entstand. Stärke und Schwäche könnten meine Bereitschaft, mich für etwas Bestimmtes zu interessieren zeigen. Meine Stärke auf einem gewissen Gebiet könnte jemandem zeigen, dass ich diese Sache unbedingt machen will, koste es was es wolle. Und gegenteilig könnte meine Schwäche auf einem gewissen Gebiet jemandem zeigen, dass ich wirklich nichts damit zu tun haben will. Meine Schwäche könnte auch zeigen, dass ich in dieser Sache auf keinen Fall mehr erreichen kann, aufgrund von fehlenden Fähigkeiten.

Stärke ist auch etwas, was man mitunter leichter zeigt und zeigen kann, als Schwäche. Das kann durchaus schon mal mit gesellschaftlichen Werten zu tun haben.

Große Stärke auf einem Gebiet könnte man bestimmt auch darauf zurückführen, dass oft Menschen dafür massiv etwas getan haben, diese zu erreichen.

Große Schwäche könnte zeigen, dass man eine Sache nie und nimmer beherrschen können wird, egal was man dafür tut.

Stärke könnte auch, je nach Akzeptanz von anderen, mal positiv und mal negativ bewertet werden.

Vielleicht zeichnen sich viele Menschen aber dadurch aus, Schwäche eher zu verurteilen und Stärke eher einen einzig richtigen Charakter zuzusprechen.

12 Richtig und Falsch

Jeder Mensch freut sich, wenn er in Belangen die ihm viel bedeuten, richtigen und falschen Charakter einer Sache daraus erkennt, weil er es unbedingt erkennen möchte. Wenn ihm jenes nichts mehr bedeutet, wird er diese Sache vielleicht irgendwann gleich für komplett falsch erklären. Doch solange er sie mag, wird er sagen, dass jene genau richtig am Platz ist. Und umso genauer er diese kennt, wird er beim darüber nachdenken auf Dinge stoßen, die an dieser Sache, trotz seiner Sympathie dafür, vielleicht trotzdem falsch sind. In solch einer genauen Betrachtung von Dingen könnte ein sehr richtiger Zusammenhang der beiden Sachen richtig und falsch stecken. Es scheint ein schöner Beweis dafür zu sein, um manchmal konkret den richtigen oder falschen Charakter von Dingen herausfinden zu wollen.

Es hat auch richtigen Charakter Dinge als falsch zu benennen, wenn das der Wahrheit entspricht.

Es hat auch falschen Charakter, zu sagen, es sollte auf der Welt alles richtig laufen. Weil es natürlich viele Dinge auf der Welt gibt, die man objektiv nicht als falsch und richtig bezeichnen können wird. Somit viele Graubereiche. Und ebenfalls kann es mitunter schon gut sein, Fehler oder Falsches zu machen. Sei es um daraus zu lernen oder einfach die Kehrseite einer vermeintlich schönen Sache kennenzulernen.

Vielleicht ist es falsch, die richtigen Werte für sein Leben nicht zu erkennen. Vielleicht ist es richtig, die falschen Werte für sein Leben erst zu erkennen, bevor man das ganz Richtige findet. Vielleicht sind die richtigen und falschen Werte für sein Leben, etwas, das gut tut, eine Art Konfrontation einzugehen, durch die sich viel plausibler der Charakter der beiden Dinge zeigen kann, als hätten sie gar kein Gegenteil, nehme ich an.

Wenn man an einer Sache lieber die richtigen als die falschen Seiten sieht, wie hätten Menschen wohl Anschauungsweisen, die eher das Richtige von vornherein suchen und dann nur aus einem Prinzip der Sicherheit, überhaupt viel auf die falschen Seiten achten?

Wie hätte man einen guten Einblick auf Sachen, die andere richtig finden, man selbst aber für falsch hält und umgekehrt? Gäbe es sogar im besten Fall eine Art Mitte worauf man sich einigen könnte? Wie könnte man auch davon ausgehen, dass es nicht vieles gäbe, worauf man sich nicht einigen könnte, in solch einer Einteilung? Und wie schlimm wäre es in den meisten Fällen, wenn Menschen Dinge so konträr sehen, der eine ganz richtig, der andere ganz falsch? Vielleicht gar nicht?

Wie stark sollte es von Menschen vertreten werden, richtig über falsch zu stellen? Wie stark wird es vertreten, richtig über falsch zu stellen?

Und wenn es gut tut, seine Meinung zu etwas zu reversieren, weil man draufkam sich total zu irren, dann wird aus richtig einfach falsch, oder umgekehrt. An der Sache selbst müsste sich gar nichts ändern, sondern es wäre halt seine persönliche Anschauung.

Ist es denn gut, das Interagieren total mit einer Bewertung nach gut und schlecht anzuschauen. Weil man auch bedenken müsste, welche Bedingungen vorlagen, die auch so auschlaggebend sein können, zum Großteil mitzubestimmen, ob jemand positiv oder negativ interagiert. Oder richtig oder falsch. Man kann das auch mit verschiedensten Prädikaten in Verbindung bringen. Friedvoll oder gewaltvoll. Gefühlvoll oder gefühllos. Und auch in einem Sinne richtig, als das man etwas macht, das eine richtige Aussage hat, anstatt das Falsche, dass was im besten Falle noch durch etwas austauschbar wäre, was es wieder ein bisschen gut machen würde.

13. Wohlfühlen

Das Wohlbefinden scheint etwas zu sein, wofür es sich lohnt, viel Energie dafür aufzuwenden.

14. Ansicht

Die Ansicht aller Sachen kann stets geprägt sein davon, wie man sie sehen will. Daraus schließe ich, das bestimmt oft Dinge ganz anderen Charakter haben, als wie man sie benennt. Und daher ist es vielleicht oft schwer das Wahre an einer Sache zu erkennen, speziell wenn man noch massiv von Gefühlen geleitet wird. Ob jene Gefühle positiv oder negativ, ehrlich oder unehrlich gefühlt oder gemeint sind, bleibt die Sache doch im Bestehen auch mit ihrer Eigenständigkeit. Und zu dieser gehört, das man sie mal so, und mal so sehen kann.

Manchmal ist vielleicht eine Sache so für einen bedeutend, als dass man etwas ins rechte Licht rücken will. Wenn man dabei noch darauf achten kann, niemanden besonders damit zu schaden, gewinnt die Sache zusätzlich an Wert. Ein wichtiges Element in dieser Sache ist bestimmt auch das, wie man Dinge und Menschen wahrnimmt. Und wenn man das in einem gesunden Gefühl für Gerechtigkeit macht, dann kann man vielleicht irgendwann Situationen so lenken, dass es schon im Ansatz nichts daran in ein rechtes Licht zu rücken gibt.

Möglicherweise ist Intelligenz ein Wegbereiter für Gerechtigkeit. Möglicherweise kann man sich Unrecht nicht durch fehlende Intelligenz erklären. Möglicherweise ist all das was einem glücklich macht, eine Form von Gerechtigkeit.

Das Bestehen einer Verknüpfung zwischen der Tätigkeit, die man bewußt tut, und jener, die man gar nicht wahrnimmt, könnte so aussehen, als dass in der Wahrnehmung auch der Wille dafür liegt, überhaupt erkennen zu wollen.

Wie kann man auch einen passenden Konsenz finden, der beinhaltet, dass man Eigenheiten jemandes auch so akzeptieren kann, als dass man weder daran denken muß, ob die Meinung um die es geht, total mit seiner eigenen übereinstimmt noch, total gegenteilig ist. Sozusagen ein neutrales Element, dass dennoch fähig ist, Bestätigung darin zu finden.

Und wie wichtig sind auch Dinge und Anschauungen, zu denen man nie eine Übereinstimmung mit den meisten anderen finden kann?

Wie kann man sich auch erklären, womit man es zu tun hat, wenn Anschauungen so gegenteilig sind, dass man sich die Meinung des anderen fast nur als schlecht erklären muß?

Wonach richtet man sich auch aus, wenn man erkennt, dass man mit seiner Anschauung und Meinung andere nie erreichen kann?

Anschauungen die niemanden positiv erreichen können, wieviel Wertigkeit sollte man denen zuordnen?

15. Bestätigung

Was andere an Bestätigung finden, sollte vielleicht nicht unbedingt das Wichtigste für mich sein. Weil man sich vielleicht überlegen müsste, mit welcher Anschauung oder Werten sich diese Bestätigung nährt, und ob ich mir überhaupt eine Meinung dazu bilden wollen würde, zu diesem ganzen Spektrum.

Und wohin auch die Spurensuche geht, so könnten Abschnitte dieser Suche vielleicht schon sehr mit dem Endziel übereinstimmen.

Wenn man auch bedenkt, wieviel Struktur es überschaubarer macht, auf der Suche nach Bestätigung?

Wenn man auf der Suche nach einem Ziel ist, wie könnten ausgleichende Werte aussehen, zwischen erbrachter Anstrengung und dem Endziel. Und speziell wenn es um die Suche nach Bestätigung geht, wo wäre man am Anfang etwa anders genährt durch Energie als zu einem anderen Zeitpunkt?

Wie könnte ein Wert aussehen, der mir bestätigt, dass ich auf der richtigen Suche bin, wenn das Gesamtziel noch nicht feststehen würde?

Wo könnte auch der Unterschied liegen zwischen der Bestätigung durch andere und dem Vielerlei der sie auslöst, der nicht gleich auffällt. Es könnte jener sein, alsdass eben das sogenannte Vielerlei sich wie Strukturen zeigt, die im Alltag durch Dauer und Art sich verschieden sich zeigen kann, jedoch die Bestätigung genau aus einen Punkt gebracht erst Wirkung zeigt. Und jenes auf den Punkt gebracht unterscheidet sich nicht nur durch etwa positionelle Bestimmung eines kurzen oder langen, bestimmten oder unbestimmten Zeitpunkts, von jenen Strukturen, sondern auch durch komplett verschiedenen Charakter.

Wo mischt sich das Denken ansich in die gewünschte gefühlsmäßige Bestätigung?

Wie ist es auch der Bestätigung eigen, auf genaue Beschaffenheit dessen zu achten, was dazu führte?

Wenn einerseits es Grundelemente gäbe für jede Form von Bestätigung, wo wäre andererseits ein Treiben nicht im Rahmen von Strukturen möglich?

Wo ist einerseits die Bestätigung, wo andererseits nur logische Abfolgen dazu führen?

Wie ist verhältnismässig die Bestätigung durch andere für einen wichtiger, als die Bestätigung die ich anderen zuteil werden lasse?

16. Bewegung

Ein wichtiger Teil von Entscheidungskraft scheint zu sein, ob man die Möglichkeit hat, Dinge in Bewegung zu setzen.

Ein großer Teil jedermanns Bewegung könnte sein, wie man Interagieren will.

Bewegung alleine könnte schon manchmal wie ein Ausdruck etwas Persönlichen gesehen werden.

Das Bewegung und Reizaufnahme gleichzeitig möglich und gut vereinbar ist, kann zeigen, dass Aktivität grundsätzlich nicht nur ein in sich selbst gekehrtes Etwas ist.

Ist Bewegung vielleicht etwas, was Ausdruck in einer Form möglich macht.

Bewegung kann verbinden und gleichzeitig Menschen in verschiedene Richtungen weisen.

Die Form der Bewegung scheint ähnlich einer Energieform.

In wiefern ist Bewegung etwas, das sich fast wie von selbst Wege sucht?

Ohne Bewegung scheinen die besten Ideen zu verblassen.

Im Treiben von vielen Menschen kann Bewegung ein wichtiges Element der Kommunikationsfähigkeit sein.

Immer wiederkehrende Formen richtiger Bewegung in jedermanns Leben, könnten Bestand signalisieren. Etwa auch Bestand in Form von Erhaltung dieser Dinge.

17. Anreiz

Immer wiederkehrenden positiven Anreiz geht möglicherweise ein beträchtliches Maß an Bestätigung durch andere voraus.

Der Anreiz für Taten könnte auch darin liegen, diese genau zu kennen.

Wie könnte auch in der Art des Anreizes der Kern der Tat erklärt werden?

Der Anreiz könnte auch aufzeigen in der Lage zu sein, ob man die dazugehörige Tat gerne tut. Weil eben schon im Vornherein feststehen könnte, wie man dieser Sache grundsätzlich gegenüber eingestellt ist.

Wieso stellt oft der Anreiz das dar, ohne dass die Tat nicht gemacht worden wäre?

Der Anreiz für Taten kann auch darin liegen, dass man sich sicher ist, dass sie unbedingt gemacht gehört.

Oft kann auch die Aktion oder Tat Anreiz sein, für weitere Taten.

Ein Anreiz könnte auch etwas sein, dem eine Menge an selektieren vorausging.

18. Umfeld

Im Umfeld von jedermanns Leben kann man vielleicht seinen Aktionskreis genau festlegen und dessen Grenzen abstecken.

Mit Umfeld könnte man auch meinen, was Menschen sich für ein Umfeld schaffen.

Im gesamten Umfeld jedermanns Taten befindet sich bestimmt etwas, das andere dort auch suchen würden.

Es kann schon sein, das man in seinem Umfeld mal Menschen etwas entscheiden läßt, zu denen man nicht richtig Vertrauen hat.

In wiefern bestimmt jemandes Umfeld, wonach er sich auszurichten hat, wenn er Gedanken faßt oder Taten plant?

Wenn das Umfeld allemal austauschbar wäre, in wiefern blieben Ausrichtungen noch verwurzelt mit einem etwas, das man zwar verändern kann, jedoch das auch in anderer Form oder in einem anderen Umfeld, dennoch etwas ähnliches bewirken kann?

Im breiten Umfeld seiner Gedanken und Handlungen hätte vielleicht jemand sich große Bestätigung erwartet.

Als Beigabe zum Treffen unterschiedlicher Umfelder zeigen sich charakterliche Eigenheiten.

Zeigt sich die Eigenart eines Menschen unter anderem dadurch, wie sehr er sich im Umfeld seiner Gedanken und Handlungen von anderen abgrenzt?

Wie könnte sich auch ein Umfeld frei vom negativen Einfluss durch das Außerhalb zeigen?

Wo vermischt sich mein gedankliches Umfeld mit etwa Menschen die ich als Umfeld bezeichnen würde. Denn vielleicht kann sich so etwas gar nicht vermischen.

19. Ausrichtung

Ist Ausrichtung gleich Richtungsbestimmung?

Wenn ich meine Ausrichtung, gemeint die gedankliche Anschauung, nur nach mir richte, nach was müsste sich wohl jemand anderer richten im Umgang mit mir, wenn er meine Ausrichtung überhaupt nicht kennt?

Wenn jedermanns Ausrichtung geprägt ist von seinem sozialen Umfeld, wo lägen die Grenzen die festlegen, wie weit Sozialkontakt meine Gedankenwelt nicht beeinflussen darf?

Wie gravierend wäre der Unterschied zwischen meiner gedanklichen Ausrichtung und immer wieder empfangenen Reizen der Welt?

Wie käme man sich vor, würde fast wie automatisch durch das Alltagsleben meine gedankliche Ausrichtung immer hart auf die Probe gestellt?

Wenn etwa mein Sozialkontakt und Mitteilsamkeit etwas persönliches von mir sind, um wieviel persönlicher würde sich wohl meine gedankliche Ausrichtung darstellen können?

Wo liegt in der Ausrichtung der Fehler der fehlenden Übereinstimmung, der einen viele Sorgen bereiten kann?

20. Breit gefächert

Im breiten Umfeld seiner Taten kann man vielleicht auch das vermuten, was man von Taten anderer mitbekommt.

Im Vertreten einer Ansicht sollte man sich darauf berufen können, das es sich bei meinen Ansichten um ein Etwas handelt, das andere nicht schon ohne irgendeine Ausnahme abstößt und nur abstoßen kann.

Auch die Art des Einverständnisses, dass man mit jemandem Gefühle empfinden will, sollte verständlich sein. Weil dies oft ein sehr stilles, unbemerktes, weil auch oft gefühlsmäßiges Einverständnis ist. Wenn ich nun mit verständlich nicht meine, dass man es sich durch Gedanken erklären sollte, sondern eher in einer Form von sozialen Verständnis etwa, bliebe es auch vielleicht zur Frage gestellt, warum auch ein gefühlsmäßiges Einverständnis als so feststehend wahrgenommen werden kann, wie etwa eine Gedankenfolge, oder gedankliche Erklärung, über die man genauestens Bescheid weiß.

Das Verstehen kann auch etwas sein, das sich breit gefächert durch alle Lebenslagen zieht.

Und Ansichten die etwa mein Verhalten zu einem Teil mitbestimmen. In wiefern sollte man dabei nach Vielfalt fragen, die notwendig ist?

In wiefern bietet mir auch Vielfalt meiner gedanklichen Ausrichtung Möglichkeiten, die ich durch Eintönigkeit solcher nicht erreicht hätte?

Mit welchen zwischenmenschlichen Geschehnissen geht auch automatisch die Frage einher, woher sie stammen?

Wenn Verständis im Sinne von Erklären und verstehen können mit etwas Akzeptieren zu tun haben kann, wie könnte man objektiv selektieren und gleichzeitig noch seine Überzeugung zu Themen auch ihren Platz lassen?

Und was könnte es bedeuten, wenn man sagt, das Einstellungen und Ansichten sich selbst stützen und erhalten könnten?

Wie äußert sich ein möglicher Leitfaden gefühlsmäßig, der mitbestimmt was ich akzeptieren oder nicht akzeptieren kann?

21. Wie und Warum

Warum könnte das was andere zu mir sagen, das sein, was genau meine Anschauungen widerspiegelt und meine Sympathie weckt? Deshalb weil andere selbiges denken und vertreten, weil sie zu mir etwas sagen möchten was ich hören will, oder auch weil das Leben so umfangreich ist, das mit steigender Masse auch die Möglichkeit steigt auf etwas zu treffen, mit dem man voll einverstanden sein kann?

Wie erklärt man sich ein Einverständnis, bei dem man dennoch nicht mit allen Elementen davon einverstanden ist?

Gibt es einen großen Unterschied zwischen dem was ich gerne sagen oder hören möchte?

Zwischen dem wie ich etwas sage und warum ich etwas sage, scheint eine starke Verbundenheit zu herrschen. Und zudem könnte es sein, dass das wie oder warum dieser Sache Auskunft über das jeweilige andere gibt.

Sozialkontakt scheint es noch irgendwie zu unterstreichen, dass Menschen ihre Verschiedenheit bewusst wahrnehmen.

Wie ist auch ein Vergleich meiner Taten zu anderer Taten ähnlich wie ein Vergleich meiner Ansichten zu den Ansichten anderer?

Was geschieht, wenn eine immer wieder auftauchende Frage nicht beantwortet wird? Etwa wenn ich mich immer wieder frage wie mein Verhalten angenommen wird, und dabei nicht das meine, was mir andere an Verhalten dafür zeigen, sondern gemeint, was andere ehrlich davon halten.

Und warum ein Anstoß zur Meinungsbildung auch übergreifend auf andere wirken könnte, nicht weil diese ihn kennen, sondern weil die geäußerte Meinung ausreichend Rückschlüsse auf diesen Anstoß zuließe.

Wie ändert sich auch das Verhalten, das im Genre des spontanen angesiedelt ist, wenn man Einflüsse aus Konversation mit anderen mit einbezieht?

22. Einstellung und Reflexion

Dort wo meine Einstellung viel mit dem Aktionskreis anderer Personen zu tun hat, ist vielleicht schon entscheidend wieviel Verständnis man sich entgegen bringt. Denn jemandes Einstellung kann für einem wichtig sein, doch muß das nicht positiv oder produktiv sein. Genauso kann dies für verschiedenste negative Dinge verwendet werden. Und das Verständnis kann selbst in solch einem Fall wichtig sein, indem es vielleicht Ehrlichkeit oder Unehrlichkeit sichtbar machen kann. Verständnis etwa, dass so sichtbar ist, das es versteckte Vorgänge sichtbar machen kann.

Die Reflexion dessen, was ich ohnehin gerne sehen und verstehen möchte, von Personen die mir nahe stehen, könnte wie ein Kreislauf sein, der eigentlich Transaktion grundsätzlich sehr ähnlich ist.

Jemandes Einstellung könnte positiv oder negativ auf andere reflektieren. Jemandes Positivität oder Negativität könnte sich stark in seiner Einstellung manifestieren.

Die Einstellung zu Themen ist nicht etwas, was automatisch durch Konversation über dieses Thema sichtbar wird. Bestimmt ist es im Laufe der Konversation oft ungefähr abzusehen, doch nehme ich an, das viele Personen auch oft nicht den wahren Kern ihrer Einstellung präsentieren, sondern der Konversation willens etwas ausdrücken, was zum Thema paßt, jedoch nicht deren Einstellung widerspiegelt.

In einem Sinne der Reflexion von Konversation unterschiedlicher Personen, scheint die Eigendynamik der Konversation etwas zu reflektieren. Nämlich eine Art Einverständnis.

Ist Einstellung auch etwas, was Lebenserfahrung reflektiert?

In der Reflexion anderer Personen auf mein Verhalten liegt vielleicht auch der Kern dessen, was ich mit Sicherheit als das bestimmen kann, was ich mir an Verständnis erwarte. Nämlich insofern, wenn ich Grenzen abstecke was für mich angenehm, unangenehm, zulässig oder unzulässig ist, kann ich die Position des Erwarteten schon genau der Person zuordnen um die es geht, und somit kann ich in der Reflexion jener Person absehen, auf wieviel Verständnis ich treffe und zusätzlich vermutlich erkennen, mit welcher Einstellung und Erwartung ich überhaupt in die Situation gegangen bin. Und die Erwartung mit der ich in diese Situation kam läßt sich so möglicherweise bestimmen als ein Etwas, das sehr wohl deutlich dazu beiträgt, wie ich überhaupt an Reflexion interessiert bin.

Könnte die Einstellung vieler Menschen auch mit der Reflexion anderer auf seine Einstellung verbunden sein?

Ist der Einfluss den andere nehmen können wie symbolisch für das Ineinandergreifen von Aktionskreisen?

Vielleicht liegt auch ein methodischer Ansatz vor in der Reflexion von Verhalten anderer.

23. Fragen und Antworten

Was suche ich noch außer Übereinstimmung, bei Fragen und Antworten bei Themen die mir vielleicht nahegehen.

Denn es kann auch sein, das man eine Sache genauso gut schon auf dem höchsten Grad seiner Leistungen gemacht haben kann, und jemand anderer musste es dennoch kritisieren, weil es aus seinem Standpunkt auch vieles sein hätte können. Wenn man Befindlichkeiten bedenken würde, oder total situationsbezogene Begebenheiten, dann könnte man vielleicht bereits auf der Suche nach der Frage sein, was ein Standpunkt sein könnte.

Worauf könnte man auch achten, bei der Fragestellung, was beim Bekommen der Antwort vielleicht gar nicht wichtig wäre? Wie könnte es bedeutsam sein, das man einerseits Dinge sagt, und andererseits auch vielleicht Dinge nicht so meint wie man sagt, auch im Sinne davon, wie vom charakterlichem Bereich auch Einsichten übertragbar sind, und weiters könnte man sich fragen, wie es so um Begebenheiten steht, die man vielleicht gar nicht wahrnimmt. Und in einem abenteuerlichen Sinne könnte man auch fragen, inwiefern vielleicht Methodik des Unterbewusstseins dahinterstecken könnte, ich meine damit, generell in Form von einer Art Zustand der eben Auswirkung haben kann, Zudem würde ich zu bedenken geben, wenn es Einsicht vermittelt, was man an Eindrücken aufnimmt, generell durch sprechen, hören, lesen, etc. , dann hätte man sich vielleicht schon mal gefragt, in wiefern Methodiken überhaupt ein zu berechnendes Element sein könnten. Wenn Menschen auf einer Basis von Vermittlung viele Reize wahrnehmen, wie hätten Menschen ohnehin Strategien jemals erlernt oder angewandt, die die Sache z. B. Methodischer zeigen würden, oder wie wären Menschen auch darauf sensibilisiert worden, sich vielleicht auch Verteidigungsmechanismen in ihrem Verhalten lernen zu wollen?

Wie spiegelt mein Verhalten es wieder, was ich an Reizen wahrnehme?

Woran könnte man genau erkennen, auf wieviel tatsächliche Gefühlsregung sich bei anderen einstellt, aufgrund seines Verhaltens, und nicht die, die man aus vielen Gründen auch nur zeigen kann.

Wie wichtig sind auch Eigenschaften und charakterliche Eigenheiten, die man gegenüber des noch so größten Widerstandes vertreten wollen würde?

Ein Umstand der etwas aufzeigen könnte, ist vielleicht der, inwiefern man Personen bei Kritik an einem selbst dennoch Vertrauen entgegenbringt.

Dort wo Anteilnahme auch Konversation mitträgt, gefühlsmäßig etwa, könnte man danach suchen, was man entschieden über jenes stellt, was man in Konversationen nicht haben will.

Und Entscheidungsfähigkeit sollte sich auch auf das beziehen, als dass es das ist, von dem man auch wirklich überzeugt ist.

Wie könnten mir Werte vermitteln, dass sie nicht jenes sind, was andere für mich als Wert bestimmen, durch gesellschaftliche Regeln und Normen, weit verbreitete Verhaltensweisen, oder schlicht in die Irre führen meiner Person?

24. Etwas beziehen auf

Wo ist der vollständige Bezug der sich zeigt, wenn Themen sich so treffen in Konversationen, dass man die eigene Meinung abwägen muss mit dem, was man zu anderen nicht sagen will, weil man ihn nicht kränken will?

Im Bezug auf Dinge die man mag, könnte man vielleicht Vergleichswerte suchen, davon, was andere mögen könnten. Weil viele Menschen nicht so sehr voneinander getrennt sind und denken, als dass man keine Parallelen finden könnte, nehme ich an.

Meine Einschätzung von Dingen könnte sich stark auf gemachte Erfahrungen beziehen. Genauso gut kann es Dinge geben, deren Einschätzung zeigt, dass ich damit keine Erfahrung machte.

In Bezug auf ein Näheverhältnis, dass sich leichter aufbauen lässt, wenn man auf einer Wellenlänge liegt, könnte man sich fragen, was man schon zu Beginn dieses Näheverhältnisses an Regeln und Ritualen einhalten wollen würde, zum Erhalt von diesem.

In wie weit greifen in zwischenmenschlichen Verhältnissen Einschätzung von Personen und Situationen mit empfangenen Reizen ineinander?

Wie stark ließen sich Themen als solches bestimmen, was eine gefühlsmäßige Bindung an Personen oder Dinge unausweichlich machen würde?

Wie ist die Kontrolle von Gefühlen so entscheidend, als dass sie Spontanität zerstören und nicht zulassen kann?

Der gefühlsmäßige Bezug zu einer Person könnte auch entscheidend sein, wenn es um die Frage ginge, wie weit man Gefühle überhaupt zulässt.

Die Bezogenheit auf zwischenmenschliches Miteinander, die Bindungen beweisen kann, drückt vielleicht auch den Wunsch nach Nachhaltigkeit in dieser Sache aus.

Die Bezogenheit auf Verstand und denken, und die Bezogenheit auf Gefühle und gefühlsmäßige Verbindungen, folgt im Kern vermutlich derselben Sache. Nämlich der, sich Bestätigung zu wünschen.

Wenn ich an einen Bezug auf meine gefühlten Gefühle denke, denke ich dann auch an Personen die mir halfen, das Gefühlte herbeizuführen?

25. Im Sinne von

Wenn wie in einem Verfahren, Dinge erst erkannt und dann benannt werden, in wessen Sinne wäre es mitzubestimmen, wie Strukturen dieses Verfahrens auszusehen haben?

Wäre es im Sinne einer Übereinstimmung mit gesellschaftlichen Werten ratsam, Menschen die für einem Fremde sind, dennoch in gewisse Rahmen hinein zu selektieren?

Wie weit ist auch Mitbestimmung, im Sinne von Verhalten das ich zeige und jemandem entgegenbringe, ein Vorteil, ohne den man vielleicht grundsätzlich allen zwischenmenschlichen Verhalten viel kritischer gegenüber gesinnt wäre?

Wie kann man zeigen, dass man etwas ehrlich meint, und gleichzeitig seine Sensoren danach auszurichten, ob es einem auch geglaubt wird, ohne das als zwei unterschiedliche Dinge zu sehen?

Wie steht es auch mit einer Art Vereinbarkeit, wenn seine Taten sich mit den Taten von Personen stark ähneln, die man nicht mag oder deren Art akzeptieren kann?

Wo läge ein allfälliger Unterschied zwischen den Tatsachen, die ich wahrnehmen muß, und denen die ich aufgrund von Prinzipien nicht wahrnehmen möchte oder darf?

Inwiefern könnte der Bestand von Gefühlen in mir, mir zeigen, dass auch in anderen Personen Gefühle eine tragende Rolle spielen?

Was wäre, wenn man Unterschiede in der Bezogenheit auf Gefühle so untersuchen müsste, als dass man sich fragt, ob auch Gedanken sowohl einen Unterschied dabei auslösen können, und auch, ob im Kern des Gefühls eine ständige Bezogenheit auf Gedanken herrschen könnte?

Wie ginge ein Drang nach komplexen Hinterfragen von Personen und Tatsachen mit der Einsicht einher, dass man nicht mehr als Hinterfragen in dieser Sache kann. Wenn weder ein Verändern noch beeinflussen möglich wäre?

Wenn der Kern eines Gefühls beeinflussbar wäre von äußeren Einflüssen, inwiefern sind Einflüsse von außen, durch Gefühle und deren Kern beeinflussbar?

Wonach richtet sich die Betrachtungsweise von Personen im Sinne von, ob man eine Einsicht erlangt, dich auch nachhaltig und komplett aussagekräftig sein kann?

Wie steht es auch um die Verbundenheit zwischen der Eigenart von Personen und der Eigenart von anderen Personen, Dinge wahrzunehmen? Könnte durch eine solche Verbundenheit erst etwas wie ein kultureller Drang nach Konversation entstehen?

Wonach würde man sich ausrichten, würde man erkennen, dass es einerlei ist, ob seine Ansichten gut angenommen werden, weil man für einen persönlich große Bestätigung darin finden konnte, und eben die Reaktion der anderen darauf, nicht entscheidend sein müsste?

26. Akzeptanz und Widerstand

Wie treffen sich Akzeptanz von anderen für meine Gefühle mit dem Erkennen dass eine Konversation etwa wie gut verlaufen ist?

In wieweit brauche ich Akzeptanz von anderen für meine Gefühle?

Wie kann man sich vorstellen, das es aussieht, wenn eine Menge Widerstand vorhanden ist, die dann auf Möglichkeiten für Konversation trifft?

Kann Akzeptanz wie ein Mittel sein, durch das ich irgendwann vielleicht genauer erkennen kann, worum es sich etwa in einer Konversation oder Situation handelte?

Kann Widerstand wie ein Mittel sein, durch das ich schon durch dazupassende Gefühle es sehen kann, das ich auf dem richtigen Weg bin, jemandem zu vermitteln, dass ich seine Konversation oder die Situation mit ihm in Verbindung nicht leiden kann. Wäre etwa auch Widerstand eine Folge des Erkennens dieser Art?

Ob man nicht mit Widerstand und Akzeptanz immer seine Zustimmung oder Ablehnung ausdrücken können wird?

In einer Art von Wahrnehmung ist vielleicht auch das Maß des Fähig seins, Dinge zu erkennen wichtig.

Dort wo Gespräche mit anderen von Akzeptanz dafür geprägt sind, sollte es dennoch sich im Hinterkopf behalten, dass man in einer möglichen Überschwenglichkeit die man aufbringen könnte, eventuell übersehen könnte, was man daran schon Widerstand entgegen bringen sollte. Vielleicht sollte das sogenannte Momentane mit seinem möglichen positiven Auftreten nicht zwangsweise das sein müssen, was jeden Widerstand als nichtig darstellen sollte. Vielleicht wäre es einfach auch noch ein anderes Maß, wodurch der Widerstand auftreten könnte. Eben Widerstand den man auch mal zurückstecken hätte können, und der vielleicht aus Gründen der Zurückhaltung etwa, auch erst viel später in diesem Gespräch ein Thema werden hätte können.

In wiefern könnten Akzeptanz und Widerstand wie methodisch sein?

Ein Ansatz den zu verfolgen mit Akzeptanz für Unterstützung dafür verbunden ist, ist vielleicht etwas, wodurch man das leichter machen kann, als gäbe es diese Akzeptanz nicht.

In wiefern kann Widerstand auch ein Ventil sein, um etwas oder jemandem gegenüber seine Abneigung gegen das jeweilige zu symbolisieren, und vielleicht auch gleichzeitig wie ein Mittel, durch die sich vielleicht dazumal eine genauere Betrachtung der Sache oder Person in den Raum stellen könnte.

27. Raster und Schema

Bei einem Raster der Verhaltensweisen genau erklärt, sollte man sich fragen, unter welchen Bedingungen und ob jemand Druck hätte machen können, beim Erstellen eines solchen Rasters.

Vielleicht kann man an einem möglichen Schema zur Beurteilung von Verhaltensweisen erkennen, wie gerne man selbst selektiert und mögliche Vorlieben über andere Dinge stellt.

Ein Schema das mir helfen soll, den Wahrheitsgehalt von Aussagen etwa zu bestimmen, sollte nicht so aussehen, wie ein Verfahren in dem man nur einseitig Dinge beleuchtet. Weil man sich eventuell auch mal Argumente der Gegenseite genau ansehen hätte sollen. Einfach deshalb, um vielleicht Seiten daran zu erkennen, die ein solches Schema nie beleuchtet hätte. Und könnte alles Verwerfliche in den Aussagen anderer dazu führen, dass der Widerstand dagegen jedes dieser Schemen gezielt nährt, auch wenn es immer die Chance gab, dass man nicht alles daran objektiv betrachten konnte, weil dieses Schema einfach nicht ausgereift genug dafür hätte sein können?

Und sollte ein Schema zur Anschauung von Aussagen anderer so sein, dass man schon beim kleinsten Anzeichen von Unzulänglichkeit im Bezug auf positiven Charakter, jede Beschreibung von diesem Schema ausgehend, so sieht, dass das Schema ohnehin alle Möglichkeiten mit einbezieht. Denn möglicherweise hätte man hin und wieder Aussagen anderer individuell sehen müssen. Vielleicht hätte ein solches Schema in vielen dieser Fällen überhaupt keine Aussagekraft.

Jemandes Ansichten sind auch vielleicht zu umfangreich, als dass ein Raster zur Beurteilung tatsächlich aussagekräftig sein könnte. Wenn man dann noch ein mögliches Ausmaß an Betrachtung bedenkt, das mal etwas bringt, anderes Mal versagt, bleiben solche Raster möglicherweise als etwas anzuzweifelndes übrig.

Es könnte auch ein Ausmaß eines Etwas einen Raster irgendwie erforderlich machen, weil es mit steigender Anzahl etwa von Möglichkeiten oder Situationen dazu kommen kann, eine eher methodische Anschauung der Sache ins Auge zu fassen.

Und würde ein Unterschied liegen, zwischen der Auffassung von Rastern und Schemen und der Auffassung von eher freieren Elementen von Auffassung etwa.

Wie könnte man auch festlegen, ob man eher einen Unterschied sehen würde in der Betrachtung von Einflüssen, die in ihrer Eigenart sich auf Dinge beschränken, durch die sich eventuell ein Charakter zeigen könnte, der irgendwie eine Beschränkung auch in einem Sinne sein kann, durch die sich der Unterschied auch auf solche Art zeigen könnte, wie er zeigt, was für Betrachtungsweisen auch Einfluss geben können, in Hinsicht auf eine Untersuchung ob diese guten oder schlechten Charakter haben.

Wenn ein Einfluss auch ursprünglich mit einem Etwas zu tun hat, was sich auch im Überfluss so zeigen kann, dass er dringend benötigt wird, was hätte dann eine Untersuchung dieser Tatsache für einen Einfluss, auf das, was man als Grundeinstellung ansieht, in dem man durch und durch selektiert, und sich der Überluss eigentlich als Etwas zeigen sollte, wodurch man auch mal Dinge verwerfen können sollte.

Wo ist auch ein Ansatz, der einem verständlich macht, dass man auch so Positionen beziehen kann, die in einem Sinne von einer Untersuchung interessant sind, vielleicht bewußter wahrgenommen zu werden, als andere Sachen.

Wie stünde bei einer Untersuchung von Verhaltensweisen, die fast zur Gänze in Raster oder Schemen zuordbar sind, fest, woher man sich sicher sein kann, dass es feststehen könnte, dass man sowohl die Betrachtungsweise als auch das grundsätzliche Vorhandensein von Übereinstimmungswillen auch infsofern untersuchen könnte, ob sie durchwegs mit dem vereinbar sind, mit dem ich schon Erfahrung machen konnte und zumindest etwas darüber Bescheid weiß.

Wo käme bei einer Übereinstimmung des eigentlichen Unterschiedes zwischen der Masse an Einflüssen und den selektierten, über die man sich eine Meinung bilden konnte, der Gedanke her, grundsätzlich in Schemata und Raster einteilen zu wollen.

Wie erscheint die Beständigkeit von Dingen damit in Verbindung zu stehen, ob man sich in der Lage sieht, das oft die Lage einer Person, schon schematisch einteilbar wäre, doch das was jener in dieser Situation macht, das überhaupt nicht wäre?

Bei einem Feststellen von Durchschnittswerten in Gefühlsausdruck auf die Taten von jemand anderem, sollte man auch beachten, ob nicht der Eindruck von einer Sache vielleicht das sein kann, wessen man nicht zutraut, dass es für einem selbst, wie ein oberes Maß des Betrachtens hergenommen werden zu können.

28. Einfluss

Inwiefern ist der Einfluss den ich auf andere nehme, so entscheidend, als dass man ihn zumutet, zu bestimmen, was in Bereich des Einflusses von anderen war, und was eindeutig meiner Reaktion zusprechbar war.

Wenn ich von Einfluss spreche und damit mit einbeziehe was Menschen von mir und meinen Taten halten, .müsste man sich vielleicht auch die Frage stellen., was in jemandem so vorging, dass er mir alles so zuordnete, wodurch er möglicherweise eine Vereinbarkeit mit seinen Argumenten fand.

Wie kann man jemandem erklären, dass es auch eine Art Übereinstimmung geben kann, zwischen dem was man wahrnimmt, und dem was andere wahrnehmen.
Es könnten sich gleiche Anschauungsweisen treffen, oder schlicht Dinge so sein, dass sich auch wenn man eine gegenteilige Meinung dazu hat, sich dennoch irgendetwas wie auf gleicher Ebene treffen möglich ist. Weil es vielleicht auch nicht so wichtig war, seinen Drang nach Klarstellung zu zeigen, sondern man etwas tat, womit man sich einfach im Genre der Übereinstimmung treffen wollte.

FSC
www.fsc.org
MIX
Papier aus verantwortungsvollen Quellen
Paper from responsible sources
FSC® C105338